AF229814

OBSERVATIONS

AU SUJET

DES INDEMNITÉS.

Novembre 1824

Un numéro du journal de *l'Etoile*, de la fin du mois d'octobre dernier, contient un article qui me paroît susceptible de quelques réflexions importantes. Je commence par le transcrire fidèlement ici.

« D'après le travail préparatoire présenté par
» les agens du domaine relativement aux ventes
» des biens d'émigrés, condamnés et déportés,
» opérées en vertu des lois révolutionnaires de
» confiscation, il y a eu 457,000 ventes, dont
» la valeur en assignats, réduite en numéraire,
» présente un total de 1,091,000,000 fr.
» De cette somme il faudra nécessairement
» déduire, 1° le montant des sommes payées
» par le gouvernement aux créanciers des an-
» ciens propriétaires ; 2° celui des contribu-

» tions foncière et mobilière ; 3° la valeur
» représentative des frais de réparations et
» d'entretien. On peut donc par aperçu évaluer
» à 600 millions environ la somme nette à payer
» aux victimes des confiscations, ou 30 millions
» de rentes à cinq pour cent.

» Cette évaluation est fort au-dessous des
» calculs effrayans qu'on s'étoit plu à répan-
» dre, et d'après lesquels on cherchoit à prou-
» ver l'impossibilité de jamais liquider cette
» dette, que l'on peut à juste titre appeler na-
» tionale. »

L'assurance avec laquelle s'exprime ce journal donneroit lieu de croire qu'effectivement
des agens du domaine ont fait des recherches,
et que des calculs s'en sont suivis pour fixer à
1,091,000,000 fr. la valeur réelle de la somme
d'assignats produite par la vente des propriétés
révolutionnairement confisquées. Sans préten-
dre attaquer la quotité de cette évaluation, dont
l'Etoile ne donne pas les bases, je prétends établir seulement que la mesure qui ordonneroit
une évaluation quelconque seroit complètement
en opposition avec les lois de la saine équité.

Sans doute elle est nationale la dette qu'il
s'agit d'acquitter envers les émigrés, les déportés, et envers les malheureuses et honorables
victimes de notre sanglante révolution! Il n'est

point de vrai Français qui n'en trouve la géné-
reuse persuasion au fond de son cœur! Ajoutons
que la raison la plus froide, la plus impartiale
justice, soumettant cette discussion aux réflexions les plus calmes, déclarent aussi que
cette dette est nationale, par deux considérations tout-à-fait péremptoires.

La première, que rien ne pouvant être jus-
tement établi que par le vouloir de l'autorité
légitime recréée, et cette autorité ayant sanc-
tionné ces ventes pour raisons d'Etat, l'équité
exige que cette autorité dédommage les anciens
propriétaires des sacrifices qu'elle leur a impo-
sés par une saine politique.

La seconde, que le produit de ces ventes
ayant tourné au profit de l'Etat, l'Etat doit aux
anciens propriétaires la restitution de ce profit,
dont la cause est sanctionnée uniquement par
des motifs avantageux à l'Etat lui-même, puisqu'ils tendent à conserver dans son sein la tran-
quillité publique, et à consolider la confiance
qu'il est nécessaire d'inspirer aux sujets en fa-
veur du gouvernement.

Or, l'obligation qui découle de la première
de ces deux considérations seroit-elle parfaite-
ment remplie par l'appréciation dont parle le
journal de *l'Etoile ?*

Un homme avoit une propriété ; elle lui a été

confisquée révolutionnairement. Lorsqu'on a dû procéder à la vente de cette propriété, l'estimation en aura été faite au-dessous de sa valeur, par des experts ignorans ou gagnés ; lorsqu'on a ouvert les enchères, le concours aura été peu considérable, soit par suite de l'intempérie de la saison, soit par suite des précautions coupables d'administrateurs intéressés à écarter les concurrens ; enfin l'adjudication aura été prononcée à vil prix, et ce prix aura été acquitté ensuite en une monnoie qui, se dépréciant presque d'heure en heure, n'avoit plus, au jour du paiement, qu'une valeur réelle du quart ou du dixième de celle qu'elle avoit au jour de la vente ; en un mot, cette propriété, que je supposerai avoir été achetée 40,000 fr. en 1789, aura été estimée 25,000 fr. en 1793, et aura été adjugée à 26. Les assignats versés par l'adjudicataire n'auront valu réellement que 2600 fr. ; et, en ordonnant aujourd'hui le paiement de cette modique somme, on pourroit croire avoir effectué un dédommagement ! A peine seroit-ce un léger secours.

Eh quoi ! rangé sous les drapeaux de l'honneur, mis à mort à cause de sa fidélité à son Roi, ou bien déporté, proscrit, fugitif, l'ancien propriétaire a-t-il pu surveiller et débattre l'estimation de son bien, éclairer ou démasquer des experts dont pas un n'étoit de son choix? a-t-il pu demander le renvoi des enchères, vu l'empêchement apporté par les saisons, ou attaquer et faire frapper de nullité cette opéra-tion, en mettant au jour les menées criminelles des autorités qui l'ont présidée? Etranger enfin par le droit d'alors, comme par le fait, à cette vente et à toutes ses conditions, notamment aux délais qu'elle accordoit à l'adjudicataire pour ses paiemens, peut-il ne pas demeurer étranger aussi à l'influence funeste que ces délais ont exercée sur la valeur réelle des sommes qui en ont formé le prix?

C'est donc la valeur réelle de la propriété vendue qui doit être payée au propriétaire révolutionnairement dépossédé, si l'on veut le dédommager réellement, et non point seulement la valeur des assignats dont cette vente a grossi les recettes du gouvernement.

Cette conclusion paroîtra plus juste encore si l'on veut bien remarquer que les 457,000 ventes faites des biens confisqués ont été effectivement profitables à l'Etat pour une somme bien supérieure à la valeur réelle des assignats qu'elles ont produite, et ceci me conduit à la preuve de la seconde considération que j'ai consignée plus haut, et qui naît de ce principe : que la restitution d'un objet ne peut être complète que par

la restitution du profit lui-même que son détenteur en a retiré. (Je considère l'Etat seul comme
détenteur en ce qu'il a saisi, vendu et encaissé
le prix de vente.)

Pour établir que le profit fait par l'Etat a été
supérieur, ainsi que je l'avance, à la valeur
réelle des assignats produite par ces ventes, il
faudroit dire d'abord pour quelle somme elles ont
profité à l'Etat, et à cette fin désigner quel a été
leur emploi particulier. Cela peut paroître bien
difficile, puisque, d'une part, ces propriétés ne
sont qu'une partie de celles que l'on déclara
nationales; d'une autre part, pourroit-on comp-
ter les sommes immenses que la révolution a
données à ses sicaires, celles qui ont été absor-
bées par ses cupides agens, celles qui ont cor-
rompu les cabinets étrangers, celles enfin qui
ont été consommées par la guerre si longue et
si coûteuse qui a suivi l'établissement de la ré-
publique et l'assassinat de notre infortuné monarque? Cependant, en outre de ces dépenses
si funestes à l'Etat, la révolution se résigna à
en faire une d'un autre genre, et sur laquelle
nous allons fixer notre attention; je veux parler
de l'acquittement de la dette de l'Etat.

Quelle qu'ait été cette dette avant la révolution, et quelle que la révolution l'ait laissée, et
sans nous occuper ni de cet ancien deficit, l'une

des causes ou l'un des prétextes de notre révolution, ni des énormes dépenses faites sous l'usurpation, il seroit sans doute facile de connoître les paiemens faits aux créanciers de l'Etat, pendant qu'il recevoit le prix des ventes nationales. Or, ces paiemens ayant toujours été faits *valeur nominale* en assignats ou en bons dits des deux tiers, peut-on refuser d'admettre que l'Etat n'ait éteint une somme de dettes bien supérieure à la valeur réelle de ces papiers?

Mais, s'appuyant sur ce que j'ai dit précédemment, on objectera sans doute que ces assignats ainsi employés ne provenoient pas exclusivement de ces confiscations, et que les bons donnés en paiement n'ont pas été exclusivement employés à l'acquisition des propriétés confisquées.

On ne peut nier cette objection, mais on peut y répondre : car si nous supposons que la révolution, suivant graduellement l'échelle des crimes, avoit pu s'arrêter à un certain degré, nous devons croire qu'après s'être emparée des biens du clergé, auxquels l'Etat a maintes fois recouru dans ses besoins, et des biens des corporations et des communes, qui sont toujours, quoique sacrés aux yeux de la justice, moins respectables que ne l'est-la subsistance des familles particulières, elle eût hésité à faire un dernier pas ; elle n'eût point franchi cette dernière barrière ; elle eût laissé du pain à des familles malheureuses que l'honneur, la crainte, la proscription ou la mort avoient privées de leurs pères. Or, dans cette hypothèse, et si nous suivons d'un autre côté la gradation des dépenses que la révolution auroit faites, on peut bien demeurer persuadé que si elle avoit eu à sa disposition moins de fonds, sa dernière dépense auroit été l'acquittement de la dette publique ; car ce n'étoit pas de l'intérêt de l'Etat qu'elle s'occupoit, et les dépenses nécessaires à ses succès, à son triomphe, auroient eu certainement la priorité. Il est donc d'une justice rigoureuse de considérer les confiscations dont il s'agit, dernier degré des spoliations révolutionnaires, comme ayant servi à l'acquittement des dettes de l'Etat, dernière dépense dont la révolution ait dû s'occuper. Et, comme on ne peut contester qu'une partie au moins des fonds provenant de ces confiscations n'ait eu cet emploi, il convient essentiellement à la munificence nationale de reconnoître à *tous* ces fonds cette destination, lorsque par là on consacre davantage le principe si humain et si équitable des indemnités.

Mais, dès lors, et si l'Etat est effectivement libéré envers ses créanciers par le produit des

ventes des biens confisqués, peut-il se considérer libéré aussi envers les anciens propriétaires de ces biens (qu'on peut, à bon droit,
regarder comme des créanciers substitués aux
autres), en se contentant de leur payer le dixième
de la dette qu'il a éteinte avec le produit de ces
ventes ?

C'est donc, je le redis une seconde fois, et de
plus fort, une somme d'argent pareille à celle
qui avoit été fixée en assignats par les enchères
des biens confisqués qui doit être rendue aux
propriétaires dépossédés, sauf néanmoins quelques légères modifications que des circonstances
particulières peuvent exiger.

Quant à la défalcation qu'ils doivent suppor-
ter des paiemens faits à leur décharge, elle est
de toute justice. Celui dont la fortune étoit di-
minuée de moitié par des dettes ne peut pas se
trouver, par une restitution intégrale, plus
riche qu'il n'a jamais été. Mais une nouvelle
difficulté va se présenter : comment devra être
calculée cette défalcation ?

Si l'homme dont j'ai supposé plus haut que la
propriété avoit été adjugée au prix de 26,000 fr.
avoit 12,000 fr. de dettes, et si, suivant l'évaluation du journal cité et suivant mes supposi-
tions, il n'a droit qu'à 2600 fr. d'argent, il est
tout simple que ces dettes ne lui soient pré-

comptées que 1200 fr. Mais ses créanciers (et avec eux les anciens créanciers de l'Etat) n'auront-ils aucune plainte à élever de l'aveu public que le gouvernement feroit par là qu'ils ont perdu réellement les *neuf dixièmes* de leurs créances? Si, au contraire, suivant ce que je crois avoir prouvé, le gouvernement doit la somme intégrale de 26,000 fr. à ce propriétaire dépossédé, celle de 12,000 fr. en doit être intégralement défalquée ; mais alors ses créanciers n'auront-ils pas sujet de se plaindre d'être témoins désintéressés d'un règlement de compte où leur débiteur se trouve, par une juste liquidation, possesseur de la même fortune *nette* qu'autrefois, tandis qu'ils n'ont réellement reçu que la valeur de la dixième partie de la somme qui lui est retenue ?

J'ai nommé les anciens créanciers de l'Etat, et en effet cette discussion ne sauroit leur être tout-à-fait étrangère, puisqu'elle m'a conduit à prouver que le produit de la vente des biens confisqués avoit profité à l'Etat, par le remboursement de ses dettes, pour une valeur réelle égale à la valeur nominale du produit de ces ventes faites en assignats, en mandats ou en bons dits des deux tiers.

Quel a donc été le sort, aujourd'hui ignoré, des anciens créanciers qui ont reçu en papiersmonnoie , tout-à-fait dépréciés , le remboursement des capitaux qu'ils avoient placés et des finances qu'ils avoient versées jadis pour achat de charges (ou pour cautionnement, ainsi qu'on le dit aujourd'hui, car en beaucoup de choses les noms seuls sont changés)? Paris vient de trembler devant un projet de loi qui tendoit à diminuer les rentes d'un pour cent. Cette mesure, qui n'a pas été encore généralement jugée, *pouvoit* être utile néanmoins; et enfin il ne s'agissoit que d'un pour cent. Les anciens créanciers de l'Etat qu'ont-ils reçu , je ne dis pas de leurs rentes , elles ont été nulles pendant plusieurs années , mais de leurs fonds eux-mêmes? Qu'on lise les échelles de dépréciation légalement dressées à cette époque dans chaque département, et l'on verra quelle a dû être leur ruine?... Elle a été complète pour beaucoup. Combien ne doivent-ils pas regretter, en voyant luire le règne de la justice, que l'Etat ne leur ait pas fait une banqueroute nominale au lieu d'un remboursement qui n'a bien été que nominal? Le résultat ne pouvoit en être plus funeste, et il leur fût demeuré l'espérance de quelque dédommagement. Frappés en masse par la révolution , ils n'ont pas même l'avantage de se glorifier de sa haine et semblent ne s'être attiré leur infortune par aucun acte honorable de dévouement, plus malheureux en cela que les propriétaires dépossédés dont l'infortune rappelle la fidélité.

Cependant si quelques uns d'entre eux ont fait retomber sur leurs créanciers par des remboursemens ruineux le tort qu'ils éprouvoient eux-mêmes, si quelques autres ont acquis des domaines nationaux pour utiliser la monnoie éphémère et avilie qu'ils avoient reçue, il en est un plus grand nombre qui ne sont ni dans l'un ni dans l'autre cas, et qui même, pouvant améliorer par là leur position, s'y sont refusés volontairement. Qu'il me soit permis de jeter quelques fleurs sur leur infortune; il suffit, pour l'ennoblir, de la raconter, beaucoup reconnoîtront dans ce récit l'histoire de leurs amis, peut-être même la leur propre; je n'invente rien.

Un ancien militaire avoit vécu pendant soixante ans dans cette fidélité héréditaire qui fait le caractère *véritable* du Français. La révolution dès son aurore lui fit horreur, et le persécuta; retenu cependant par son âge, il ne put émigrer. Sa fortune étoit modique et consistoit en capitaux dont la majeure partie, placée sur des corporations, fut inscrite au grand-livre de la dette publique. Il faut se rappeler que les créanciers de l'Etat formoient deux catégories : les uns dépositaires de fonds pour achat de charges en

ont été remboursés en assignats; les autres pu-
rement rentiers ont reçu plus tard en bons dits
des deux tiers, le paiement des deux tiers de
leurs capitaux pour *la consolidation* de l'autre
tiers ; or, ces bons qui n'avoient point cours
forcé, ne pouvoient être employés qu'à l'acquisition de domaines nationaux. Le malheureux
rentier dont je parle ne pouvoit donc éteindre
avec ces bons aucune dette, d'ailleurs il n'étoit
pas assez riche pour en avoir [1]; j'ajouterai même,
sans vouloir offenser personne, que s'il en avoit
eu, il auroit cru ne pouvoir pas en honneur et
conscience les acquitter avec des papiers dépréciés. Il ne lui restoit donc qu'une seule res-
source, c'étoit d'acheter des biens nationaux....
Cette idée le révolta; il s'étoit toujours prononcé
hautement contre ces ventes par lesquelles la
révolution s'étoit formée et fortifiée ; ceux qui
s'étoient enrichis par cette voie étoient dégradés
à ses yeux. Il n'hésita pas, et refusant de toucher
à ce prétendu remboursement, il chargea son
agent d'affaires de le négocier à raison de 17 *sols*

[1] Un rentier conserve rarement des dettes. Il trouve en effet
bien plus simple de diminuer ses capitaux; et si nous avons dit que
quelques créanciers de l'Etat avoient opéré avec des assignats reçus
de lui des remboursemens à leur avantage, nous avons entendu
parler seulement des dépositaires de finances; car il arrivoit sou-
vent que ces finances provenoient d'emprunts faits par eux pour
acquisition de charges.

les 100 *fr.* [1] : sur quoi il lui fallut payer encore des frais de procuration, des honoraires, etc. Il seroit aujourd'hui dans l'aisance, il est dans le besoin. Le traitera-t-on d'insensé? Cela peut être; mais on conviendra du moins que, sans avoir obéi à l'exemple d'autrui, sans avoir été dominé par aucun sentiment de crainte, sans s'être livré à aucun prestige de gloire ou d'ambition, il a suivi, lui aussi, les drapeaux de l'honneur; il a donné obscurément les témoignages les plus réfléchis, les plus calmes, et dès lors les plus certains peut-être de son horreur pour des crimes et pour un bouleversement dont il s'est volontairement rendu victime, plutôt que d'avoir seulement l'apparence d'en tirer avantage. Le sentiment intérieur de la satisfaction qu'il en éprouve est son unique dédommagement. Puisse le récit que nous faisons y mettre le comble, en faisant ressortir les droits qu'il aura toujours à l'estime générale!

En traçant ainsi le tableau d'une partie des plaies de la France et des difficultés que présente leur guérison, mon but n'est pas assurément d'effrayer. Mais il importe de dévoiler cette image à un Roi réparateur qui ne reculera pas

---

[1] A ce taux, 100,000 fr. ne produisoient que 850!!!

devant les obstacles, quelle que soit l'étendue
des maux qu'il n'a pas faits et qu'il veut soulager.
Pieux et juste, il veut apprendre la vérité pour
obéir à ce Dieu qui ordonne aux maîtres de la
terre de s'instruire des besoins de leurs sujets [1];
il veut porter à nos maux le secours nécessaire
avec ce cœur droit et cette loyauté innée qu'il
demande cependant encore si ardemment au
pied des autels [2].... Puisse ce Dieu, dont votre
tranquille avènement au trône est pour vos
peuples le plus grand des bienfaits, vous don-
ner, ô mon Roi! de longs jours pour le bonheur d'un royaume qui vous adore! Que ne peut
un monarque entouré de l'amour, de la confiance, des espérances de ses sujets! Marchez,
SIRE, sans aucune crainte, dans la route glo-
rieuse des réparations ; ne vous laissez pas
abattre par la grandeur et le nombre des in-
fortunes ou des injustices, ni même par l'impossibilité où vous pourrez quelquefois vous
croire de porter à certaines souffrances de sa-
lutaires remèdes. Que vos mains royales s'ap-
prochent alors du moins de nos plaies ; dites-
nous, suivant l'antique usage de vos illustres
aïeux : « Le Roi te touche, que Dieu te gué-

---

[1] *Erudimini qui judicatis terram.*

[2] *Cor rectum crea in me, Deus, et spiritum rectum innova in
visceribus meis*

» risse » ; et nous, satisfaits d'avoir vu les désirs et les regrets de notre père, nous nous tournerons avec résignation vers le Dieu de qui seul vous nous aurez dit que nous devons attendre notre guérison, et nous lui demanderons, SIRE, l'accroissement de votre puissance pour l'entier accomplissement de votre bonheur, pour la gloire de votre règne, et pour la complète satisfaction de votre cœur généreux.

LE NORMANT FILS, IMPRIMEUR DU ROI, RUE DE SEINE, N° 8.